愛と信念の言葉

著 ダライ・ラマ法王14世
写真 野町和嘉

PHP文庫

心の平安をもたらす自信と内面の強さは、
温かい心を持つところから生まれます。

目次

装丁&本文デザイン――おおうちおさむ
有村菜月（ナノナノグラフィックス）

協力――ダライ・ラマ法王日本代表部事務所
（チベットハウス・ジャパン）
〒161－0031
東京都新宿区西落合3－26－1
Tel：03－5988－3576
Fax：03－3565－1360
http://www.tibethouse.jp/

一章

生きる、人生、死

人生の目的は、幸せになることです。

誠実であること、正直であること、
思いやりをもつことを日々、心がけてください。

カーラチャクラ法会でお経を唱えるダライ・ラマ14世／1992年

自分の欠点に一つでも気づくことは、
他の人の千個の欠点に気づくことより、
はるかに有益なことです。
自分の欠点は、自分で直せます。

つなぎ合わせたロープがたとえ九回切れたとしても、
十回目のチャレンジをしなければなりません。
それで失敗したとしても、
少なくとも後悔はしないでしょう。

ラルンガル僧院と周りを埋め尽くした、おびただしい数の僧坊／2014年

非常につらい時期を経験すると、私たちは冷淡な態度をとったり
絶望を感じてしまったりすることがあります。
言うまでもなく、それは非常に悲しいことにほかなりません。
しかし状況のとらえ方によっては、それは私たちが開眼し、
真実を見きわめるチャンスでもあるのです。

何かを欲するということ自体はニュートラルで、良くも悪くもない自然なことです。
もし私が何も欲しなければ何も起こらないし、独創力も生まれません。
「生きる」ということも、欲望の一つです。

礼拝中にカメラに微笑むダライ・ラマ14世／ 1992年

ダラムサラのパレス中庭でくつろぐ／1992年

人類、さらにはすべての生きとし生けるもの
――人間も動物も――には、幸福を求め
平和に暮らす権利があります。
これとは反対に、他人に痛みや苦しみを
与える権利を持つ者など一人もいません。

もう一度、声を大にして言っておきましょう。
私たちはみな同じです！

早朝から続く勤行に疲れて休憩する少年僧／2002年

町の通りには、何千という人がいますが、
お互いに見つめ合いません。
もし視線が合っても、きちんと出会わないかぎり、
微笑みません。
電車の中で、人は隣り合わせに坐っても、
何時間ものあいだ話しません。
不思議ではないですか。

——異なる宗教が幸福に共存できるとお考えなのですか？

一輪でも花は美しい。

ですが、花束はもっと美しいでしょう？

ギャンツェのパルコル・チョエデ寺に描かれた曼荼羅／1991年

皆さんは、ダライ・ラマとは何か特別な人間だという
印象をお持ちかもしれませんが、それは違います。
私も皆さんと同じ存在です。
皆さんには平等な機会と能力が備わっています。
皆さんにも同じことができるのです。

温かい心の大切さを説き、
世界に内面の安らぎを広めることが
私の最大の使命です。

カーラチャクラ法会で説法をするダライ・ラマ14世／ 1992年

私の好きな祈りにこのようなものがあります。
「この世が続く限り、
生きとし生けるものすべての苦悩が続く限り、
私もここに残ります。
すべての苦しみがなくなるよう力になるために」

宗教の目的は、美しい教会や寺院を建てることではなく、寛容、高潔、愛といった肯定的な人間の資質を培うことにあります。

読経の合間にバター茶を振舞われる僧たち／2002年

大多数の人が宗教を実践していない今、
私はなんとかして、宗教に頼らずに
すべての人間を救う方法を見つけたいと思うのです。

幸せになりたい、苦しみを乗り越えたいという
私の願いが私の一部であるように、
その願いはあなたの一部でもあります。

アチェンガル僧院で読経する僧侶たち。東チベット／2014年

世界中の大都市には
何百万という人が一緒に暮らしています。
そんなに寄り集って生きているのに、
孤独な人が大勢います。

裕福であれ貧しくあれ、教育を受けていてもいなくても、
どの国家に、どの宗教に属していようと、
どのイデオロギーを信じていようと、
最終的に私たち一人ひとりは、
他の誰とも変わらない一人の人類にすぎないのです。
私たちすべては幸福を望み、そして苦しみは望みません。

勤行に励むアチェンガル僧院の尼僧たち　2014年

自分のことしか考えない人は、
苦しみのうちに人生を終えます。
他人のことしか面倒を見ない人は、
考えなくても自分の面倒も見ています。

なんらかの理由で他の人の助けになれないのなら、
せめて他の人を傷つけないようにしてください。

燈明にバターを注ぎ足してゆく巡礼の僧侶。ラサ、ジョカン寺／1990年

問題に目を近づけて見てみると、
視界がそれにふさがれて、やたらと問題が大きく見えます。
けれども、同じ問題を遠くから見てみれば、
自然とその問題のまわりに他のものが見えてきます。

不安に対処する有効な方法は、
自分のことを考えずに、人のことを考えることです。
本当に人の困難を目にすると、
自分のそれは大したことではなくなります。

カイラス山の麓、標高4700メートルに張られた遊牧キャンプ／1990年

常識的に考えて、人生は短いですし、
この短い地球上での滞在を、
自分にとっても他人にとっても
有意義なものにしたほうがいいでしょう。

必要なときに行動しないのも、
一つの悪い行動だということです。

東チベット、カム地方の市場で出会った娘／1988年

東チベット、ンガバの草原を移動する遊牧民の子供達／1988年

両親や弟を失った悲しみは否定しませんが、
死に関しては哲学的にとらえています。
古き友が去り、新しい友が来る。
それは一日が終わり、また新しい一日が始まるのと同じです。
大切なことは、意味ある友であったか、
意味ある一日だったか、ということなのです。

死について前もって考えておくことは大切なことです。
そうしておけば、いつ死が訪れても、不安はないはずです。
心構えがあれば、死は大した問題ではないのです。

西チベット、チャンタン高原の遊牧キャンプと羊たち／1990年

死について常に意識しているなら、
死が訪れても驚くことはありません。心配もいりません。
死とは衣服を着替えるようなものです。
したがって、死を迎えたとき
心の平穏を保ち続けることができるのです。

二章

愛すること、思いやり

遊牧民の子供たち。11月、夕暮れとともに急激に冷え込む／1991年

私たち人間には、
愛や思いやりを称えられる能力があります。
このささやかな能力こそ、
人間の最も大切な天分だと私は思うのです。

私は誰と会おうと、古い友人として迎えようとしています。
このことが私を本当に幸せな気持ちにさせてくれるのです。
これが、思いやりの実践です。

霙の降る草原で休憩する、塩を運ぶキャラバンの男／1991年

生まれた日から息を引き取る日まで、
私たちの人生の土台になるのは、
愛情と人間的な温もりです。

初めて私に愛と慈悲を教えてくれた先生は、
私の母親でした。

冬を控え、高地から山麓の村に戻ってきた遊牧民／1991年

私は笑顔が大好きです。

そのために、どうやってたくさんの友人を作り、どうやってもっと多くの笑顔、特に本当の笑顔を見つければ良いのかと頭を悩ませているのです。

すべての人に真の意味で幸せになってほしいという願いが、
ふと、心の底から湧いてくることがあります。
大きな愛とはそういうものです。

トチャと呼ばれる化粧をした遊牧民の娘。紫外線や乾燥から肌を守るため／ 1990年

あわれみの種が育つには、
それを意識という肥沃な土壌に植えつけて、
愛で湿らせてやらなければなりません。

チベットでは、多くの病は
愛情と慈悲心という薬で
治ると言います。

厳冬期の遊牧テントから外を伺う子供たち／2003年

私たちは、生まれ落ちた瞬間から、
両親の保護と慈しみのもとに置かれますが、
その後の人生においても、病に苦しんだり、
年老いた時に再び他者の慈しみを受けることになります。
一生の始まりと終わりに、これほどまでに
他者からの慈しみにあずかっていながら、
どうして他者に優しくしないでいられましょうか。

人から愛され、人を愛するとき、
それがいかに心地よいか、
そして逆に怒りや憎しみが心に満ちると、
いかに居心地が悪いか観察してみましょう。

青海省玉樹で催された祭で着飾った双子の子供たち／2002年

愛と慈しみこそ、まさに社会の礎となるものです。
こうした感情を失ってしまうと、
社会に恐るべき苦難をもたらします。
人間の存続でさえ危機にさらされるかもしれません。

怒りと憎しみに心が満たされていても、
愛だけが人を変える究極の方法です。
変わることなく、飽きることなく、
この愛を継続的に示しなさい。
あなたは彼の心を打つでしょう。

標高4700メートル、チャンタン高原のテントで遊ぶ子供　1991年

冬の放牧地に建てられた家でくつろぐ子供／1991年

本当の愛と執着を区別しましょう。
前者は、理想的には何の見返りも期待せず、
状況に左右されません。
後者は、出来事や感情しだいで変わります。

愛情とは他者が幸せを掴むよう望む気持ちです。

ラブラン・タシキル僧院のモンラム祭に参加した遊牧民家族／1989年

思いやりの心は人生で成功する究極の源です。
利己的な考え方は他者を害するだけでなく、
まさに自分が望んでいる幸福を阻害します。

慈悲の心があれば、必然的にチャーミングになります。

川面に描かれた真言。氷上に積んだ砂が太陽熱を吸収して氷を溶かす／2003年

もし誰かと一緒に暮らそうと決めたら、
事を真剣に受けとめて、慌てないようにしなさい。
一緒に生活しはじめたら、共同生活の責任を考えなさい。
家族は真剣なことがらです。

自分に親切でなくては、他人にそうあることはできません。
他人に愛情と優しさを感じ、
彼らが幸福で苦しまないことを望むには、
同じことをまず自分自身に願わねばなりません。

結婚したら、いつも二人だということを忘れないでください。
一人のときでも、ときとして
夕方の考えは朝の考えと矛盾しています。
言うまでもないことですが、
二人だと、考えの違いはいつ現れるかわかりません。

本当の意味の思いやりは、
まず自分自身に対して向けられるべきものだと思います。
まず自分自身に思いやりを持ち、
それを周りの多くの人たちに向けて広げていくのです。
つまり、自分自身を忌み嫌い、嫌悪しているような人は、
他者を思いやることなど不可能なことだからです。

複雑な哲学も、教義も、教理もいりません。
私たち自身の心が寺院です。
思いやりが教義です。

三章

心、感情の扱い方

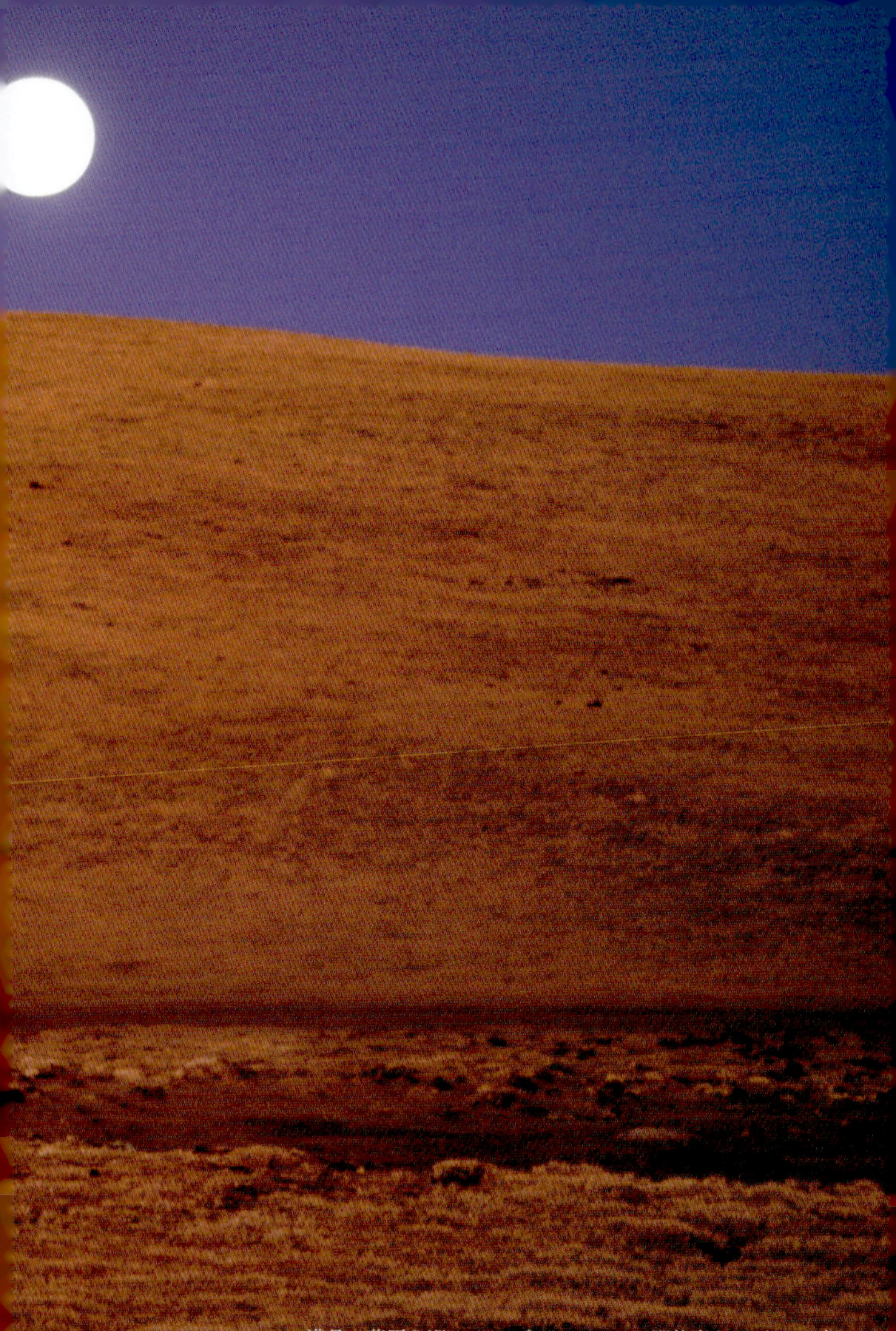

満月の草原を巡る　ラペブ・ドゥチェーンの巡礼者たち／1991年

私たちの苦しみの多くは、
私たちが考えすぎることに由来します。

怒りと憎しみこそが、私たちの本当の敵なのです。
これこそ私たちが全面的に立ち向かい
克服すべき相手なのであり、
人生にときとして現れる一時的な「敵」は
真の敵とは言えないのです。

釈尊が、説法のために天から降ったラバブ・ドゥチェンの祭日に、
仏塔のある丘を巡る巡礼者たち／1991年

私たちの本当の敵は、
無知、憎しみ、欲望、嫉妬、傲慢という心の毒です。

ゆるしの気持ちを身につければ、
その記憶にまつわる負の感情だけを
心から手放すことができるのです。
ゆるしとは「相手を無罪放免にする手段」ではなく、
「自分を自由にする手段」です。

ラパブ・ドゥチェンに参加し、野宿から目覚めた男たち／1991年

愛、ゆるし、思いやりにより、
私たちはさらなる希望と決意を手にし、
より明るい未来に向かって進むことができます。
怒りや憎しみに負けてしまえば、道に迷い、
苦痛に満ちた人生を送ることになってしまいます。

怒りは苦しみをもたらします。
少なくとも、恥ずかしさを感じさせます。

寺院再建の儀式で、吉祥のご飯を振舞われる村人たち／1991年

必要なら、その相手から逃げることが
最も賢い方法かもしれませんね。
遠くまでね！

怒りや憎悪は漁師の釣り針のようです。
こういった釣り針に引っかからないように
身を守ることはとても大切ですね。

東チベット、標高4000メートルに建造されたアチェンガル僧院／ 2014年

私にも、欲望はありますよ。
瞑想で、それを最小限に抑えようとしていますけどね。

自分の怒りを分析するにつれ、
私は怒りの本質に気づき始めました。
人は怒りを「自分の戦いを助けてくれる友達」と
見なすことも、「憎い相手に対する復習を促す友達」と
して見なすこともできるのです。

ラルンガル僧院夕景。おびただしい数の僧坊がひしめく／2014年

怒りが生じるときは、
怒りを生じさせるものに考えを集中せずに、
愛する人やもののことを考えると、
少しは心が鎮まると思います。
たとえばあなたが恋をしている
男性あるいは女性のことを考えなさい。

普段あなたの怒りが十分間続くのなら、
八分に減らしてみてください。
次の週は五分に、次の月は二分に減らしてください。
そうして怒りをゼロの状態まで持っていってください。
そうやって、心を鍛えてください。

ラブラン・タシキル僧院を巡る、モンラムの巡礼／2003年

精神的な幸福は、
五感で味わう快楽よりはるかに大切なのです。
快楽が続くのは短い間ですが、
本当の幸福とは長期にわたって続くものです。

心の本質は、池の水のようなものです。
嵐で水がかき乱されれば、
池の底の泥が浮き上がって水をにごらせます。
しかし水の本質は汚いものではありません。

玉樹のジャマナニ・ゴンパに来た少年僧。厖大な数のマニ石が寄進されている／2003年

非常に不運な状況でも、
私はたいてい穏やかなまま、心の平和を保っています。
これはとても役に立つことだと思います。
寛容や忍耐を弱さのしるしと考えてはいけません。
私はそれを強さのしるしだと考えています。

正しい理由がある人は、
一つ一つ例を挙げて話し合いますが、
まともな支持のない人は
直ぐ怒りに身を任せてしまいます。
つまり、怒りは力ではなく、弱さのしるしなのです。

ラサのジョカン寺で五体投地を繰り返す巡礼者／1991年

体を鍛えることと違い、
心を鍛えることには限界がありません。

健康を維持するために体調を管理するのと
同じように、心の健康と幸せを得るためには、
感情の管理をしていかねばなりません。
チベット仏教の伝統には、
私たちがどのように自らの感情に対処していくべきか、
その方法についての膨大な知識が含まれています。

ラブラン・タシキル僧院を巡礼する遊牧民家族／1989年

心の平安があれば、健康もついてくるでしょう。
穏やかな心を持つ人は、よい友人たちを引きつけますし、
一般的にみて、幸福な状態にあるということは、
お金も引きつけているということです。

苦しい状況に置かれたときほど、
知恵や内面の強さが身につくものです。
このことは覚えておいて損はないでしょう。

アチェンガル僧院に巡礼に来た女性／2014年

東チベットの聖域に張り巡らされたおびただしい数の祈禱旗／2014年

充足させたと思っても、
いっそう強くぶり返してくるのが欲望の本性です。
この罠にかかる人は、海水を飲む渇いた人に似ています。
飲めば飲むだけ、喉が渇きます。

自分を守ろうとすればするほど、
自信をなくし、内気になるものです。

モンラムで年に一度披露される巨大タンカ。ラブラン・タシキル僧院／1989年

誰かと会って、自分のほうがこの人より少しましだな、
と思うことがときどきあります。
そんなとき、私はその人のよいところを探します。
「私はもう頭が禿げている。その点からいえば、
この人のほうが私よりはるかにすばらしい!」

憎んだり怒ったり不幸せになったりしても、
相手が持っている物や成功に
影響を及ぼさないことを思い出してください。
この点から考えても、腹を立てるのは無意味なことなのです。

仮面舞踏で打ち鳴らされる太鼓／1989年

誰か初めての人と会うときは、相手も一人の人間で、
私と同じように、幸せでありたいと願い、
苦しみたくない人だと言い聞かせます。
年齢、体格、肌の色、地位は関係なく、
私たちの間には本質的な違いは何もありません。

四章

戦争と平和

新年の行事、モンラムの治安を取り仕切る、ゲクーと呼ばれる僧侶たち／ 2003年

怒りや憎しみでは、
痛々しい状況や問題を解決することはできません。
それらを解決できるのは、
思いやりと真の優しさによる癒しだけなのです。
世界平和を持続するための手段は
「思いやりによるゆるし」しかない——そう私は思うのです。

砂に一本の線を引いたとたんに、
私たちの頭には「こちら」と「あちら」の感覚が生まれます。
この感覚が育っていくと、本当の姿が見えにくくなります。

小雪の舞うなか、僧院から僧院へと巡礼する人々／2003年

私は、十六歳で自由を失いました。
二十四歳で、国を失いました。
この四十年、私は亡命者の身です。
そして重い責任を担っています。
振り返ると、私の人生は楽ではありませんでした。
しかし、私はその年月のあいだに、
あわれみや他人への思いやりを学びました。

もし私の国が侵略されなかったならば、
おそらく私は今よりずっと保守的になっていたことでしょう。
中国人は私を、強靱で決意の固い人間にしてくれました。
私は、自分を進歩させてくれた中国人に感謝しているのです。

夏祭りの大祭を祝うために草原に張られたテント群／2002年

二〇世紀はすさまじい暴力の世紀でした。
歴史家たちのなかには、二億人が暴力によって殺されたという人たちもいます。

二一世紀は対話の時代です。
平和の実現に向け、外面的にも内面においても
武装解除が必要です。
原子爆弾をなくすことも必要ですが、
一人ひとりの心の中から武器をなくすことで、
外的にも変わっていきます。

ブータンの首都ティンプーにあるタシチョ・ゾン。政治と宗教の中心／2003年

地球上にこれだけたくさん人がいるのに、
一人ひとりは自分しか見ません。
食べるのにも、着るのにも、
社会における地位を得るのにも、有名になるのにも、
他人に依存しているのに、
これだけ緊密に関わりのある人を敵と見なします。
これは驚くべき矛盾ではありませんか。

不幸なことに、最も声をあげられない人々こそが、
人権を奪われている人々なのです。
したがって、こうした自由を享受している私たちこそが
責任を負っているのです。

民家の壁に描かれたポー（男性器）。魔除けとして描く／2003年

もし私があなたを叩いて、
あなたが穏やかなまま私を叩き返さなかったら、
結果的に居心地悪く感じるのは私のほうです。
でも叩き返されていたらもっと叩きたい気持ちになります。
暴力と暴力は連鎖し、さらなる暴力を呼びます。

暴力は決して真の力にはならない。
私は絶対に非暴力を通します。

祭礼で僧院扉の前に佇むブータンの娘／2003年

非暴力は、問題に無関心でいるということではありません。
逆に、しっかりと関わることが重要です。

腕と足は別物です。
しかし、足に何か不具合が生じれば、
自然と手が下りて助けにいきます。
同じように、この社会の中でどこかに不具合が生じたら、
私たちは助けにいかなければなりません。
なぜかって？　それは身体の一部だからです。
私たちの一部だからです。

吉祥のガルーダと虎が描かれたブータンの家屋／2003年

もし人間の本性が
憎しみや敵を殺すことであったら、
人類はずっと以前に滅亡していたでしょう。

誰もが死や老いを迎え、病気におかされていきます。
失望を味わうことなどしょっちゅうです。
これらの苦しみは避けられません。
これで十分ではないでしょうか？
考え方や肌の色の違いをわざわざ取り上げて、
いらない問題を追加することに
なにか意味があるのでしょうか？

北インドのラダックで、ダライ・ラマ14世誕生日を祝うチベット難民たち／2010年

たいていの軍事行動は平和を目的としています。
しかし現実の戦争は、
まるで生きた人間を燃料とした火事のようです。

現在、世界では、シリアやイラク、アフガニスタンといった地域で、宗教の名のもとに多くの暴力や殺戮が行われています。そうした痛みや苦しみに無関心でいることは、信仰を持つ者として道徳的に間違っています。

私が訴えたいのは、異なる宗教間の相互理解を深め、より平和な世界を実現する責任が私たち一人ひとりにある、ということです。

私たちは、「イスラム教徒のテロリスト」や
「仏教徒のテロリスト」というような
呼び方をしないように注意しなければなりません。
信仰を持つ者がテロ行為に走ったら、
その時点ですでに真の信仰者ではないからです。

テロリズムは最低の暴力行為ですが、
空から突然落下してくるものではないし、
武器のみによって引き起こされるものではありません。
テロリズムは、心によって引き起こされるものなのです。
憎しみ、病んだ精神、報復感情が、テロリズムの根源なのです。

チベット仏教の存続は、六〇〇万人のチベット人だけの
問題ではありません。
約四億人の中国人仏教徒をはじめ、
日本やアジア諸国の仏教徒たちの問題でもあるのです。

五章

経済、社会問題

金泥を使って描き直された、燻んだ壁画。ラダック、ヘミス・ゴンパ／2010年

独特の帽子を被ったザンスカールの少年僧／2010年

私たちは知らず知らずのうちに、愛や思いやり、協力、
いたわりといった人間になくてはならない
最も基本的なものを育むことを忘れるほどに、
物質的進歩に夢中になってしまったのです。

結局のところ、人類は一つであり、
この小さな惑星が私たち人間の唯一の故郷です。

カーラチャクラ法会の休憩時間に、民族舞踏を観る僧たち／1992年

この世界の未来は、子供たちの手にかかっています。
もっと思いやりのある世界、
もっと公平な社会を作りたいのなら、
子供が責任感のある優しい人間になるような
教育を授けることが必須なのです。

家庭と学校で、子供が温かい雰囲気で育ったなら、
大人になり社会に出てから、
彼らは他人を助けることができるでしょう。
誰かと初めて会っても、くつろいで、
言葉をかけるのを怖がったりしません。

カーラチャクラ法会で、ダライ・ラマとともに祈る僧侶たち／ 1992年

家庭は社会のもっとも基本的な核です。
家庭に平和と人間的な価値観が浸透すれば、
両親が幸福に、くつろいで生活できるばかりでなく、
子供も、孫も、その先の子孫もそうできるでしょう。

ここは私たちの家です。唯一の家です！

カーラチャクラ砂曼荼羅の最初の一線を引くダライ・ラマ14世／ 1992年

心の内なる平和と社会的調和を同時に体験するには、
物質的進歩に精神的進歩が伴わなければなりません。
心の内なる平和なくしては、心のやすらぎが欠けていては、
平和を保ち続けるのは不可能です。

財産と権力があれば、
友人を多く持てるように思うかもしれません。
ところが、彼らはあなたの友ではなく、
あなたの財産と権力の味方なのです。
富と影響力を失えば、
そそくさと姿を消してしまうでしょう。

完成間近い砂曼荼羅。法会が終わると曼荼羅は毀され、砂は川に流される／ 1992年

確かに、あなた方は貧困からは解放されています。
でも、お金の奴隷です。
本当のところ、
あなた方は決して満足することはないでしょう。

経済は大切です。しかし、人間性はもっと大切です。
人権や環境問題など、経済より大切なことはたくさんあります。
利益を求めてビジネスの世界で関係を築いていくときにも、
大義を見失わないことが肝心です。

灯明をあげる母と子供。インド、ブッダガヤにて／2002年

今、母なる自然が私たちに語りかけます。助け合いなさいと。
温室効果ガスやオゾン層の破壊といった
地球規模の問題に相対するとき、個人のグループや
一つの国だけでどうにかなるものではありません。
母なる自然が私たちに、世界的な責任を説いているのです。

世界は美しく平和だ、ととらえることは間違っています。
この世に苦しみがあり、この世に悲劇があるかぎり、
私たちはそれを自分の体験として
感じていかなければならないのです。
飢えている人がいるのに、自分だけが飽食してはいけないのです。
心が痛む現実や、他の人が苦しんでいる状況をしっかりと見据えて、
一人ひとりが考えていくべきです。

ヒマラヤ造山運動の痕跡が残る山肌と麓の僧院 ザンスカール／2010年

あとがき

二〇一四年七月、東チベット、標高四〇〇〇メートルの谷あいに広がるラルンガル僧院。

大規模な僧院を中心に、周りのスロープをおびただしい数の僧坊が埋め尽くしている。僧院も僧坊も、チベット仏教のシンボルカラーである鮮やかなえんじ色で統一されていて、活気に満ちた宗教都市としての威容を誇っていた。修行に励む約五万人の僧尼たちも、やはりえんじ色の僧衣を身につけていた。谷あいではクレーンが稼働し僧院の増築が行われていた。

十二年ぶりに訪れたチベットで遭遇した、かつて見たこともない規模での仏教復興の光景である。

私がチベットを初めて訪れたのは一九八八年の夏、この東チベットだった。その頃私は「長征」のルートを辿る取材に没頭していた。長征とは、毛沢東率いる紅軍（後の人民解放軍）が国民党軍の追撃をかわしながら、一九三四年に華南の根拠地を脱出して黄土高原の延安まで辿った、一年間に及ぶ壮大な撤退行のことである。やがて反転攻勢に転じて国民党に勝利し、一九四九年、中華人民共和国が成立。

長征史によると、東チベットに達した数万の紅軍は、各地にあった大きな僧院を占拠して休養をとり、態勢を立て直しては行軍を続けたのだった。ところが長征史に残る重要な革命史跡でもある僧院があったはずの場所を訪ねても、何一つ残されてはいないのだ。言うまでもなく、文化大革命に至るまでの、中国による徹底したチベット弾圧、仏教破壊の結果なのである。当時日本におけるチベットへの関心事といえば、仏教もしくはヒマラヤ登山であった。そんな時代に、中国共産党による、チベット抹殺とも言える、信じ難い規模の民族、文化破壊にいきなり直面させられたのである。

中国による圧政に耐えかねたダライ・ラマ十四世と多くの高僧、民衆が、一九五九年にインドに亡命したのち、チベット全土におよそ六千あった寺院、僧院は全て破壊され、僧侶たちは還俗を強いられ信仰の道は断たれたのであった。それらチベットの史実を踏まえたうえで撮影した私のグラフ特集記事を見た、ダライ・ラマ法王日本代表部事務所の人物が、記事に対する感謝の意を伝えたいと私を訪ねてくれた。ちなみに日本語堪能なその人物は、現在の、在東京ダライ・ラマ法王事務所長のルン・トック氏である。

ルン・トック氏のアレンジにより、一九九二年に、インドのダラムサラでダライ・ラマ十四世への単独インタビューを果たすことができ、同時期に北インドで催された、法王によるカーラチャクラ法会も併せて取材できた。ヒマラヤ山麓という僻地での法会であったが、多くの亡命チベット人に混じって、法王に心酔するアメリカの俳優、リチャード・ギアが単独で参加していて、五体を繰り返し地に伏しては、熱烈な祈りを捧げる姿が印象的だった。

法王へのインタビューで心に強く残っているのは、時にジョークを交えながらのユーモラスな話の中に、若き日の毛沢東との会見のくだりで、突如〝宗教は麻薬だ……〟と囁かれ、ダライ・ラマという存在を、いともあっさりと全否定されたというエピソードである。

一九八八年から一九九二年までチベットのほぼ全域を訪れて集中的に撮影を重ねた。一九八九年には、ラサに戒厳令が発令されるという厳しい状況下ではあったが、撮影にはさほどの制約はなかった。当局もまだおおらかだったのである。そして二〇〇二年から翌年にかけて東チベットを訪れたが、中国による大資本を投下した西部大開発が始まっており、チベットは様変わりしつつあった。

それからさらに十二年後の二〇一四年に訪れた東チベット。時代はすっかり変わっていた。東京から成都へは直行便が毎日就航していて、さらに成都から東チベットの玄関口である康定（ダルツェンド）までは、以前は丸一日かけて山道を走らなくてはならなかったのに、定期便によるわずか一時間の飛行で到達できた。道路はほぼ全行程が舗装され、以前は閑散としていた村々のあちこちで、構えも一段と大きな新築家屋が目立ち、中国経済成長の恩恵が、確かにチベットにも波及していることを実感させられた。一方で、ラルンガルの僧坊には、少なからざる数の中国人（漢人）僧尼が住み着いていた。急激な経済成長による社会の歪みから仏教に救いを求めようとする人々である。なお最近の情報によると、ラルンガル僧院に対する政府当局の締め付けが厳しさを増しており、多くの僧坊は取り壊され（二〇〇〇年代初めにも取り壊されている）、僧侶の数を大幅に制限する政策がとられていると聞く。

チベットに対する政治的締め付けは以前に輪をかけて厳しくなっており、僧尼たちの切羽詰まった抗議手段である焼身自殺が、東チベットを中心に頻発している。そして外国人のチベット自治区への自由な立ち入りは厳しく制限されたままだ。

八十二歳という高齢にもかかわらず、精力的に世界を巡り続けるダライ・ラマ十四世の存在が、逆境を生きるチベット人にとって大いなる心の支えとなっている。

二〇一六年九月　　　　写真家　野町和嘉

出典一覧

『ダライ・ラマが説く思いやりの力』ダライ・ラマ法王日本代表部事務所

『ダライ・ラマ　平和のメッセージ』ダライ・ラマ法王日本代表部事務所

『ダライ・ラマ　環境について語る』ダライ・ラマ法王日本代表部事務所

『思いやりのある生活』光文社知恵の森文庫

『幸福論』角川春樹事務所

『幸せに生きるために―ダライ・ラマが語る15の教え』角川春樹事務所

『幸福と平和への助言』トランスビュー

『ダライ・ラマ　こころの育て方』求龍堂

『ゆるし』アイリーン・R・ボリス＝ダンチュンスタン著　イースト・プレス

『目覚めよ仏教!―ダライ・ラマとの対話』上田紀行著　NHKブックス

『BRUTUS No.459、No.567』マガジンハウス

『朝日ジャーナル 1992年1月3、10日号』朝日新聞社

『PLAYBOY日本版　1998年6月号』集英社

http://dalailama.com/

ダライ・ラマ法王14世

一九三五年、チベット東北部に生まれる。二歳でダライ・ラマ一三世の生まれ変わりと認められ、十五歳で政治・宗教両面の国家最高指導者となる。一九五九年、インドへ亡命しダラムサラに亡命政権を樹立。一九八九年、ノーベル平和賞受賞。二〇一一年に政治的指導者の地位を退き、チベット仏教の指導者として世界各地を回っている。

野町和嘉

一九四六年、高知県に生まれる。一九七一年よりフリーの写真家として活躍。過酷な風土を生き抜く人々の営みと信仰をテーマに、中近東、アジアで、中国、チベット、サウジアラビア等での長期の取材を続ける。二〇〇〇年代以降は、アンデス、インド等を中心に取材を続ける。著書に『祈りの回廊』(小学館文庫)、写真集に『チベット「天の大地」』(集英社)を始め、国際出版も多数。

本書は、二〇〇六年十一月に刊行された『抱くことば』、二〇〇八年八月に刊行された『ゆるす言葉』(共にイースト・プレス)の内容をもとに、加筆修正し、再編集をしたものである。

PHP文庫 愛と信念の言葉

2016年10月17日 第1版第1刷発行

著者 ダライ・ラマ法王14世
写真 野町和嘉
発行者 岡 修平
発行所 株式会社PHP研究所
東京本部 〒135-8137 江東区豊洲5-6-52
文庫出版部 ☎03-3520-9617(編集)
普及一部 ☎03-3520-9630(販売)
京都本部 〒601-8411 京都市南区西九条北ノ内町11
PHP INTERFACE http://www.php.co.jp/
印刷所
製本所 図書印刷株式会社

ISBN978-4-569-76623-2